大展好書 好書大展

原地太極拳系列 ①

原地綜合
太極拳24式

胡　啟　賢／創編

大展出版社有限公司

作者簡介

　　胡啟賢現年 70 歲，原籍安徽省固鎮縣，供職於固鎮縣民政局，1991 年退休。

　　曾先後患心臟病、高血壓、胃潰瘍、類風濕關節炎等多種疾病，於「病入膏肓」求醫無望之際，抱一線希望習練太極拳，竟於不知不覺中諸病皆癒，且白髮變黑。

　　此後連續十幾年自費到北京拜門惠豐為師，潛心研習太極拳。

　　因每遇天氣惡劣無場地練功時，便坐臥不安，漸萌發奇思，歷時六年，經千萬次試練，終於創編了不受場地限制的「原地太極拳」。在中央電視台播出後，立即引起各界關注和喜愛。

序

胡啟賢先生，原安徽省固鎮縣幹部，50 年代因工作積勞過度，身患十餘種疾病，多方投醫，臨床用藥，療效不佳，身體極度衰竭，生命危在旦夕。無奈之際，在家人攙扶之下，參加了縣舉辦的「四十八式太極拳」學習班，磨練太極拳功法，漸見功效，能進食，渾身有勁，由長臥而起，行走便利，能生活自理；多年堅持鍛鍊，病症皆消，身體得到康復。太極拳在他身上顯現了神奇功效，是太極拳給了他第二次生命。

他千里迢迢，來京投師，向我深求太極拳功理功法，技藝大進。

年過七旬，身體魁梧健壯。他為實現「個人得福，眾人受益」的宗旨，走向社會義務教拳，從學者千餘人次。很多病患者，堅持跟他練拳，身體得到康復。為普及群眾性太極拳活動，他精心創編了「原地太極拳」系列拳法，並整理出版，可喜可賀，望讀者喜練太極拳，終身受益。

北京體育大學教授 門惠豐

一九九九年元月

目　錄

原地綜合太極拳（24式）簡介

本套拳因爲可在原地演練，又因它的大部分動作姿勢是從四十八式、陳式、楊式、吳式、孫式太極拳和氣功中汲取的，少部分動作姿勢是作者創編的，故稱「原地綜合太極拳」。

這套拳的特點是：

1. 將太極拳和氣功融爲一體，使兩者的醫療健身作用都能較好地發揮。

2. 動作姿勢左右對稱，能使身體得到全面均衡的鍛鍊。

3. 不受場地限制，在室內、陽台、庭院、走廊等地方都可演練，既方便省時，又能使演練者免受風雨寒暑和蚊蟲叮咬之苦。

4. 動作比較簡單，易教、易學、易練。全套演練一遍只需 5~6 分鐘，它對不同年齡、不同體質、不同職業的人都是適宜的。由於這套拳是在原地演練的，很適合機關、廠礦、學校集體演練。

5. 本套拳的動作姿勢基本上是按呼吸節奏編排的，動作容易與呼吸結合，可使演練者受益快。

6. 這套拳的內涵與其他太極拳是相通的，對手、眼、身、法、步及動作技術的要求等與其他太極拳是一樣的，因此學會這套拳既能輔助其他太極拳的演練，又能爲學習其他太極拳打好基礎。

動作要點與習練須知

1. 在文字說明中，凡有「同時」兩字的，不論先寫或後寫身體某部分動作，各運動部位都要同時協調運動，不要分先後去做。

2. 運動的方向是以身體的前、後、左、右為依據的，不論怎麼轉變，總以面對的方向為前，背對的方向為後，身體左側為左，右側為右。

3.「動作說明」是以面向南方起勢寫的。初學階段按「動作說明」的方向演練，容易記住拳式和運動方位（最好按「場地示意圖」在地上畫上方位標記），等動作熟練後，起勢面向可任選。

4. 這套拳的式子是按先右後左的順序編排的（凡是幾勢組合的一式算頭一勢），要先做右式後做左式。24 個式子中只有起、收勢是單式，其餘都是同一式左右對稱的雙式，其中的一式子可以左右反覆演練，但必須做完左式才能轉做下一式。向些右邊運動的稱右式，反之稱左式。

5.「動作說明」中的圖像，因攝像受角度限制，它所顯示的動作姿勢、方位、角度和圖上畫的動作路線是不精確的，應以文字說明為準。圖上畫的實線（——）代表右手右腳，線虛（…………）代表左手左腳。

6. 預備式中要求的懸頂豎項、沉肩垂肘（屈肘）、含胸拔背、斂臀收胯、立身中正、全身放鬆、精神集中、呼吸自然等要貫穿這套拳的全過程。整套拳除起勢和收勢身體直立外，其

餘都要屈膝坐胯（坐身）運動（上體要保持「百會穴」與「會陰穴」上下成垂直線，個別動作例外）。屈膝高度可在大腿與地面約成 45°～60° 斜角之間因人而異。除少數動作姿勢（如穿掌下勢、金雞獨立等），身體可有明顯升降外，其餘身高應保持大體一致，不要忽高忽低，起伏不定。

7. 要步法靈活、虛實分明：①上步要腳跟先著地，退、撤步要前腳掌先著地，然後全腳慢慢踏實。 ②原地換步時，兩隻腳要同時一起一落，兩腳虛實變換只能漸變，不能突變。③弓步時，前腿屈膝，膝蓋應與腳尖成垂直線（前腿約支撐體重的 60%~70%）；向後坐身時（上體要保持正直），後腿的胯關節應與腳跟上下成垂直線。④要用碾腳步法調整腳的角度，即以腳跟為軸，腳尖外撇或內扣；以前腳掌為軸，腳跟內碾或外碾。⑤套路動作熟練以後，一些丁虛步可以消掉，即腳收過來不落地就邁出去。

8. 該拳 15、16、17 式動作技術難度較大，拍、擺腳的高度不要強求。體質不好和年齡較大的同好演練這幾式有困難可自行降低難度，待身體適應以後再按要求演練。

9. 要「意領身行」，以腰為軸，帶動四肢弧線螺旋運轉，不要聳肩、揚肘和直臂（直臂撩拳例外）。要運用四肢的劃弧旋轉，尤其是兩手臂的旋轉（拇指尖向外旋，稱外旋，反之稱內旋）所產生的螺旋（纏絲）勁，及兩手在運動中手掌撥動空氣產生的作用力和反作用力，加上用碾腳減少腳與地面摩擦力的作用來助腰轉動，使身體向前、後、左、右轉動輕靈，周身動

作協調一致。

10. 動作與呼吸配合，對增強太極拳的健身醫療作用和提高拳技是十分重要的。初學時用自然呼吸，動作熟練後。可有意識地引導呼吸與動作配合。它的一般規律是：動作趨向定式呼氣，換式（上一式到下式的過渡動作）吸氣，個別運動路線的長動作可輔以短暫的自然呼吸。待動作嫻熟後，可採用「腹式逆呼吸」（又稱拳勢呼吸），即呼時小腹外突，吸時小腹內收（氣沉丹田）。不論採用哪種呼吸法，都要使呼吸深、長、細、勻，通暢自然，不可勉強屏氣。

11. 這套拳和其他太極拳一樣，動作要輕鬆柔和，圓活自然，剛柔相濟，連綿不斷，舒展大方，氣勢完整（定式時動作似停非停即轉下式），演練者要逐步達到這個要求，以便收到更的健身效果。

12. 練太極拳要動作規範，姿勢正確，把握要領，增強悟性，循序漸進，日練不輟，持之以恆。

演練場地示意圖

圖	1. 場地的直徑爲 1.2～1.5 公尺。
例	2. 場地中心是起、收勢和換式的位置。
說	3. 運動的方位、角度、目視方向詳見
明	「動作說明」。

全套動作名稱

預備　　　　　　　　　　　　　　　　　　　　　　　※

一. 起勢、開合手　　　　　　　　　　　　　　　　　※

二. 手揮琵琶　　　　　　　　　　　　　　　　　　②

三. 白鶴亮翅　　　　　　　　　　　　　　　　　　②

四. 撇身捶　　　　　　　　　　　　　　　　　　　②

五. 斜身靠　　　　　　　　　　　　　　　　　　　②

六. 斜飛式　　　　　　　　　　　　　　　　　　　②

七. 單鞭　　　　　　　　　　　　　　　　　　　　②

八. 倒卷肱　　　　　　　　　　　　　　　　　　　②

九. 摟膝拗步　　　　　　　　　　　　　　　　　　②

十. 海底針、閃通背　　　　　　　　　　　　　　　②　※

十一. 分腳、掩手撩捶　　　　　　　　　　　　　　②

十二. 蹬腳、雙峰貫耳　　　　　　　　　　　　　　②

十三. 劈掌、震腳搬捶　　　　　　　　　　　　　　②

十四. 金雞獨立　　　　　　　　　　　　　　　　　②

十五. 雙拍腳（也可做二起拍腳）　　　　　　　　　②　※

十六. 十字拍腳、衝拳、封閉勢　　　　　　　　　　②

十七. 擺蓮腳、打虎勢　　　　　　　　　　　　　　②

十八. 雲手、下勢　　　　　　　　　　　　　　　　②　※

十九. 玉女穿梭　　　　　　　　　　　　　　　　　②

二十. 疊步射虎　　　　　　　　　　　　　　　　　②

二一. 野馬分鬃　　　　　　　　　　　　　　　　　②

二二. 攬雀尾　　　　　　　　　　　　　　　　　　②

二三. 金剛搗碓　　　　　　　　　　　　　　　　　②

二四. 收勢（捧氣貫頂搗氣入「丹田」）　　　　　　※

註：

1. 名稱後的「②」表示左右兩式。

2. 名稱後的「※」表示另有註明。

分式動作說明

圖 1

預備 （面向正南方）

身體自然直立，懸頂（頭微上頂），豎項，沉肩垂肘，含胸拔背，兩肩微前合，下頦微內收，斂臀收胯；兩腳跟相觸，兩腳尖外撇各約 45°，兩手手指微屈自然散開，手心微含，虎口成弧形，兩手的指梢輕貼大腿外側，中指微向下領伸，兩肘微外撐，肘肋之間可容一拳；嘴唇輕輕合閉，呼吸自然；全身放鬆，精神集中；眼平視前方（圖 1）。

圖 2

一、起勢、開合手 （面向南）

1. 身體重心（以下簡稱重心）移至右腿，左腳先抬腳跟，然後全腳抬離地面（腳尖不擦地即可），慢慢向左分開約半步，先前腳掌著地，然後全腳踏實，重心移至兩腿間（兩腳相距與肩同寬，腳尖外撇度數不變）；眼平視前方（圖 2）。

圖 3

2．兩手臂外旋向前上方拖舉至腹前，手心向上（意如捧汽球）（圖 3 ）。

圖 4

3. 兩腿屈膝坐身，斂臀收胯，兩膝微內合（膝蓋與腳尖成垂直線，以下的弓步均應如此）；同時，兩臂屈肘，兩手向胸前劃弧回收，指尖朝上，高與肩平，手心相對，兩手相距約臉寬，拇指與肩距離約 20 公分，兩手臂成塔形；眼看兩手間（圖4）。

圖5

4. 兩手臂向左右分開至肩前，兩手相距與肩同寬（為開手）（開合不要扇動腕關節）；接著轉向內合，合至兩手相距與臉同寬（為合手）；眼平視前方（開合連做兩次）（圖5～7）。

圖 6

　　※ 動作熟練後，隨著兩手的開合，重心要在兩腿上虛實輪換，兩膝要微開微合，兩肩胛要帶動胸腔擴張與收縮；做開的動作時，兩手間意如「汽球」之氣向外膨脹，合時，意如擠壓「汽球」。

圖7

圖 8

二、手揮琵琶　右式（定式面向西南）

1. 重心移向右腿，上體右轉，左腳尖內扣，重心再移至左腿；同時，兩手再稍向內合，手臂向內旋轉，掌心向外，指尖斜向上，兩肘外撐，兩手拇指、食指基本相接，繼而向左右分撐；眼看左手（圖 8）。

圖 9

2. 右腳向西南上虛步，腳跟著地，腳尖上翹，膝微上提（腿不可挺直）；同時，右手向右、向下劃弧變側立掌，向右腿上方挑舉，手心向左，指尖斜向上，高與眼平（右肘、膝上下相對；指尖、腳尖與鼻尖三尖對齊）；左手向左、向下、向右劃弧合於右前臂內側，手心向右（左手與右臂相距約 15 公分）；眼看右手食指（圖 9）。

圖 10

手揮琵琶　　左式（定式面向東南）

　　上體左轉，右腳撤回原地，腳尖內扣，重心移至右腿，左
腳向東南上虛步；同時，左手臂先內旋後外旋，向下經腹前向
左腿上方劃弧挑舉，手心向右；右手臂先稍向左劃弧再反向右
、向下經胸前向左劃弧合於左臂內側，其他動作與技術要求參
照右式；眼看左手食指（圖 10、11）。

圖 11

圖12

三、白鶴亮翅　　右式（定式面向西）

1. 左腳提離地面，腳尖充分內扣，前腳掌在右腳內側落地；同時，上體右轉（面向西南），右腳以前腳掌爲軸，腳跟向內碾轉，左手屈肘收於胸前，手心向下，高與肩平；右手臂外旋，在腹前轉手心向上，兩手成「抱球」狀；眼看左手（圖12）。

圖 13

2. 上體再右轉（面向西）；同時，左腳跟外碾落地，重心移至左腿，右腳跟內碾開向右前伸出虛步，腳尖點地，膝微上提；右手臂內旋向上劃弧舉於右額前上方，手心向前，拇指朝下，腕高約與頭平；左手向下劃弧至左胯前，手心向下，指尖朝前；眼向前平視（圖 13）。

圖14

白鶴亮翅　左式（定式面向東）

上體左轉（面向正東）；同時，右腳提離地面，腳尖充分內扣，先前腳掌著地，然後全腳落地，重心移至右腿；左腳碾轉提離地面，向北移30~40公分，然後與左亮掌同步，左腳向左前出虛步，其他動作與技術要求參照右式（圖14、15）。

圖 15

圖 16

四、撇身捶　　右式（定式面向西南）

　　1. 上體微右轉，左腳跟外碾，重心移至左腿，右腳收至左腳內側，腳尖點地成丁虛步；同時，右手向左腹前劃弧握虛拳（握拳方法：五指捲屈，自然握攏，拇指壓於食指、中指第二指節上），拳心斜向外；左手向右、向下劃弧落附於右前臂外側；眼看左前下方（圖 16）。

圖17

　2. 上體先微向左轉再向右轉，右腳向西南邁出一步，重心前移成右弓步，左腿自然伸直，腳跟外碾；同時，右拳上提經面前向西南撇打（達擊點變實拳，拳心稍有空隙，右肘與右膝上下相對），腕與肩平，拳心朝上；左手隨右拳向前附於右前臂內側；眼看右拳（圖17）。

圖 18

撇身捶　左式（定式面向東南）

1. 上體微左轉，重心後移至左腿，右腳撤回原地，重心再移至右腿，左腳移至右腳內側成丁步；同時，左手從右腕上向右、向上、向左抹掌劃圓至腹前握虛拳，拳心向外，拳眼斜向下；右拳變掌，手心向上與左手交叉向左、向下、向右經腹前向上、向左至左肩上方（手臂內旋），再向下落附於左前臂外側；眼看右前下方（圖 18）。

圖 19

2. 上體微右轉再向左轉，左腳向東南邁出一步，重心前移
成左弓步，右腿自然伸直；同時，左拳上提經面前向東南撇打
，拳心斜向上，右手隨左拳向前附於左前臂內側，手心向下，
其他動作與技術要求參照右式；眼看左拳（圖 19）。

圖20

五、斜身靠　右式（定式面向南偏西）

1. 重心後移至右腿，上體微右轉，左腳尖內扣，重心移至左腿，右腳收至左腳內側成丁步；同時，左拳變掌（手心朝上），向右、向下，經腹前向左、向上劃立圓至胸前；右手從左前臂上向左、向右、向下（在腹前手臂漸漸內旋）、向左（手臂轉外旋）、向上劃立圓亦至胸前，兩手搭成斜十字形（右手在外），兩手心向內；眼看前方（圖20）。

圖 21

2．上體微右轉，右腳向西偏北（ 15～20°）邁一步，腳跟先著地，腳尖外撇，重心移至右腿成側弓步，左腿自然伸直，腳跟外碾；同時，兩手變拳分別向左下和右上撐靠，右拳至右額角前，拳心斜向外，拳眼斜向下（拳與頭相距約 25 公分），腕與頭平；左拳下撐於左胯前，拳心斜向左，拳眼斜向下；眼看右前方偏西（圖 21）。

圖 22

斜身靠　左式（定式面向南偏東）

1. 上體微左轉，重心稍向左移，右腳尖內扣，重心再移至右腿，左腳收至右腳內側成丁步；同時，兩拳變掌收於胸前交叉成斜十字形，左手在外，兩手心向內，指尖斜向上；眼看左前方（圖22）。

圖 23

2. 上體微左轉，左腳向東偏北（約 15°）邁一步，腳尖外
撇，重心移至左腿成側弓步，右腿自然伸直，腳跟外碾，其他動
作與技術要求參照右式（圖 23）。

圖24

六、斜飛勢　右式（定式面向左前下方）

1. 上體微右轉，重心稍向右腿移動，左腳尖內扣，重心再移至左腿，隨之右腳收至左腳內側成丁步；同時，兩拳變掌，左手向右劃弧收至左胸前，手心向下，腕與肩平；右手臂外旋，向左劃弧至左腹前，手心向上，兩手心相對成「抱球」狀；眼看左手（圖24）。

圖 25

2. 上體右轉，右腳向西偏北（約 15°）邁一步，腳跟先著地，腳尖外撇，重心移至右腿成側弓步，左腿自然伸直，腳跟外碾；同時，右手由腹前向身體右上方劃弧，手心斜向上，手高不過頭；左手向下劃弧至左胯前，手心斜向下，指尖斜向右；眼看左下方（圖 25）。

圖 26

斜飛勢　左式（定式面向右前下方）

1. 重心稍向左移，上體微左轉，右腳尖內扣，重心移至右腿，左腳收至右腳內側成丁步；同時，右手臂內旋，向左劃弧至右胸前，手心向下，高與肩平；左臂外旋，左手逆時針抹一小平圓再向右劃弧至右腹前，手心向上，兩手成「抱球」狀；眼看右手（圖 26）。

圖 27

　　2. 上體左轉，左腳向東偏北（約 15°）邁一步，腳尖外撇
，重心移至左腿成側弓步，右腿自然伸直，腳跟外碾，其他動作
與技術要求參照右式（圖 27）。

圖 28

七、單鞭　右式（定式面向西）

1. 重心微右移，左腳尖內扣，重心移至左腿，右腳收至左腳內側成丁步；同時，左手臂先內旋，後外旋再內旋，向下、向右、向上經胸前向左前上方劃圓，掌變勾手（五指第一節自然捏攏，屈腕），勾尖向下，臂微屈（不可僵直）；右手順時針劃一小平圓再向左經腹前劃弧至左胸前，手心和手指斜向上；眼看左勾手（圖 28）。

圖 29

2. 上體右轉，右腳向西邁一步，腳跟先著地，隨上體右轉腳尖轉向西，重心移向右腿屈膝，左腿自然伸直成右弓步；同時，右手從左肩前上提，手心轉向內，指尖向上，高不過眉（臉與手距離約 30 公分）；眼隨手轉，待面向西時，右手臂內旋，隨著弓步向前（西）推掌，手心向外，指尖高與眼平；左勾手稍向左伸展（右肘、右膝上下相對，兩臂微屈，上體不可前傾，兩腳橫向距離 10~20 公分）；眼看右手（圖 29）。

圖 30

單鞭　左式（定式面向東）

1. 重心稍左移，右腳尖內扣，重心再移至右腿，左腳收至右腳內側成丁步；同時，左勾手變掌向下、向右劃弧至右肩前，手心向內；右手向下、向左、向上、向右劃立圓至右肩前上方，掌變勾手，勾尖朝下；眼看勾手（圖30）。

圖 31

　　2. 上體左轉，左腳向東邁一步，弓步推掌，其他動作與技
術要求參照右式（圖31）。

圖 32

八、倒卷肱　右式（定式面向南）

1.上體微左轉，重心微左移，右腳跟內碾，右手臂外旋，勾手變掌（手心向上），向體前（南）劃弧，隨之上體右轉，右手回收至右腹前，重心移至右腿；同時，左手向體左前劃弧，手心斜向前，指尖斜向上；左腳向右、向前劃弧移步，腳前掌虛著地；眼看左手（圖32）。

圖 33

　2. 上體再微右轉，右手經腹前向後劃弧平舉，手心向上，肘部微屈，腕與肩平；左手臂外旋前伸，手心向上，腕與肩平，肘部微屈，兩臂基本成一字形（兩手如拖物）；左腳稍前移，腳尖著地，膝微上提；眼隨體轉，向後看右手（圖33）。

圖 34

倒捲肱　左式（定式面向南）

　　上體左轉，左腳撤至與右腳齊，腳尖微外撤（兩腳橫向距離約 20 公分），重心移至左腳，隨之右腳往前伸出虛步，腳尖點地；上體繼續左轉，左手收至腹前，手心仍向上；同時，右臂屈肘，右手經耳側前推至胸前，手心向前，指尖向上，腕高不過胸（

圖 35

右眼看手），隨之左手向後劃弧平舉，手心向上，右手再稍前推翻手心向上（右腳再稍前伸，仍腳尖虛著地）；臉向左轉，眼看左手（圖 34、35）。

圖36

九、摟膝拗步 右式（定式面向南）

1. 上體右轉，右腳撤回原地，重心移到右腿，隨之左腳跟抬起成丁步；同時，右手由體前經右胯側向體後劃弧平舉，手心斜向上，腕高與肩平；左手隨轉體向右劃弧至右胸前，掌心斜向下；眼看右手（圖36）。

圖 37

　　2．上體先微右轉再向左轉，左腳向左前邁出一步（兩腳橫
向距離約 20 公分），重心前移，左腿屈弓，右腿自然伸直成左弓
步；同時，右手（屈肘，指尖領先）經耳側向前坐腕推掌至胸前
，手心向前，指尖向上，高與鼻平；左手向下經左膝前摟按於左
胯旁，手心向下，指尖向前；眼看右手（圖 37）。

圖 38

摟膝拗步　左式（定式面向南）

1. 重心後移至右腿，上體左轉，左腳撤至右腳內側，腳尖外撇，全腳落地，重心再移至左腿，隨之右腳跟抬起成丁步；同時，左手向體後劃弧平舉，腕高與肩平，手心斜向上；右手向左劃弧至左胸前，手心斜向下；眼看左手（圖 38）。

圖 39

2. 右腳向右前邁一步，重心前移成右弓步；同時，右手摟膝、左手推掌，其他動作與技術要求參照右式（圖 39）。

圖40

十、海底針、閃通背

右.海底針　（定式面向前下方）

1. 重心後移至左腿，右腳撤至左腳後，上體右轉，重心再移至右腿，左腳跟抬起成丁步；同時，右手由下經右胯側向體後劃弧平舉，手心斜向上；左手向右劃弧至右胸前　，手心斜向下；眼看右手（圖40）。

圖 41

2．上體左轉，左腳稍向前移步，前腳掌著地成虛步；同時，右手從耳側向前下方插掌，指尖斜向前下方，手心向左；左手向左劃弧按於左胯旁，手心向下，指尖向前；眼看前下方（插掌時右肩前順，上體可稍向前傾）（圖 41）。

圖42

右. 閃通背 （定式面向東南）

1. 上體直起微右轉，左腳稍後撤，兩手向右上提起，左手貼
附右腕內側；眼看右手（圖42）。

圖43

2. 左腳向東南上步，重心前移，屈膝弓步（腳尖朝東南），右腿自然伸直，腳跟外碾（兩腳成45°夾角）；同時，右手臂內旋向右後上方撐架，手心向外，指尖斜向左；左手經胸前向東南推出，手心向前，腕高與肩平（分掌時兩手臂平均用力；定式時左肘與左膝上下相對）；眼看左手（圖43）。

※「海底針」「閃通背」因換式的需要，做右海底針時，閃通背要向左邊運動；做左海底針時，閃通背要向右邊運動。具體動作已寫明。

圖 44

左. 海底針 （定式面向南）

1. 重心後移至右腿，左腳撤至右腳內側，重心再移至左腿，隨之右腳跟提起前移成丁步；同時，上體先右轉再左轉，左手向右、向下經左胯側向左（偏右）劃弧上舉，手心向上，腕與肩平；右手向左劃弧至左胸前，手心向下；眼看左手（圖44）。

圖 45

　　2. 上體右轉，右腳再稍前移，前腳掌著地成虛步；同時，左手從耳側向前下方插掌，指尖斜向下，手心向右；右手向右劃弧按於右胯旁，指尖向前（左肩前順，上體稍前傾）；眼看前下方（圖 45）。

圖 46

左. 閃背通　（定式面向西南）

1. 上體微左轉，右腳撤至左腳內側成丁步；同時，兩手向左上方劃弧，右手貼附於左腕內側；眼看左手（圖 46）。

圖 47

2．右腳向西南上一步，重心前移，屈膝成弓步，左腿自然伸直；同時，左手臂向左上撐架，右手向西南推掌，其他動作與技術要求參照前式；眼看右手（圖47）。

圖48

十一、分腳、掩手撩捶

分腳　右式（定式面向西南）

1. 上體微左轉，重心移至左腿，右腳後撤，膝上提（小腿與腳尖自然下垂）；同時，兩手臂從體兩側向下、向胸前劃弧搭成斜十字形（右手在外，手心均向內）；眼看右前方（圖48）。

圖49

2. 身體稍上起（左腿微屈站穩），右腳慢慢向西南踢出，腳面展平（力點在腳尖）；同時，兩手臂向右前方和左後方分撐，手心均向外，指尖均向上，腕高與肩平，肘部微屈（右肘與右膝上下相對）；眼看右手（圖49）。

圖 50

掩手撩拳　右式（定式面向西南）

1. 上體微左轉，右小腿屈收，膝上提，腳尖自然下垂；同時，兩手從兩側向上、向下、向內劃弧至胸前，左手變掌，拳心向內，右手心貼於左拳背外；眼看右前方（圖 50）。

圖 51

2. 左腿屈膝坐胯，右腳下落，前腳掌著地；同時，上體向左
擰轉，右手與左拳一齊下落至左腰間（右拳落於左手心中，拳心、
手心均向上）；眼看左下方（圖 51）。

圖 52

3. 上體右轉，右腳向西南上步，重心前移，右腿前弓，左腿自然伸直，腳跟外碾；同時，左拳臂內旋向西南直臂撩打，拳高與腹平，拳眼向右，拳面斜向前，右手隨轉體繞腰向右回抽變拳至右腰間，拳心向上；眼看左拳（圖52）。

圖 53

分腳、掩手撩掌　左式（定式面向東南）

　　重心後移至左腿，右腳撤回原地，重心再移至右腿，即可做左分腳、掩手撩拳。具體動作與技術要求參照右式（圖53、54、55、56、57）。

圖 54

圖 55

圖 56

圖 57

圖 58

十二、蹬腳、雙峰貫耳

蹬腳　右式（定式面向西南）

1. 上接圖 57，重心後移至右腿，上體微右轉，左腳撤回原地，腳尖外撇，重心移至左腿（膝微屈）獨立；同時，兩拳變掌分別由左右兩側，自下而上劃弧至胸前，兩腕搭成斜十字形（右手在外，手心均向內），與其同步，右腿提膝，小腿與腳尖自然下垂；眼看右前方（圖 58）。

圖 59

　　2. 左腿站穩，右腳向西南蹬腳（力點在腳跟、腳尖微回勾）；同時，兩手分別向右前和左後坐腕伸撐，兩肘部微屈，兩腕與肩平，手心均向外，指尖均向上（右肘、膝上下相對）；眼看右手（圖 59）。

圖 60

雙峰貫耳　右式（定式面向西南）

1. 右小腿屈收，膝上提，小腿與腳尖自然下垂；同時，右手臂外旋，手心向上，下落在右膝外側；左手臂亦外旋，向前、向右劃弧至右膝內側（兩手心向上，肘微屈）；眼看右前方（圖 60）。

圖 61

　2. 左腿屈膝坐胯，右腳向西南伸落，腳跟著地；同時，兩
手向下、向後劃弧回收至兩胯前（貼近胯窩），手心均向上，緊
接著重心前移，右腳踏實，腿屈膝前弓，左腿自然伸直，與其同
步，兩手握虛拳（先拳心向上，後隨重心前移轉拳心向下，達擊
點變實拳）從體兩側向上（不要向體後抽拉）、向前摜打（兩拳
臂在胸前合成鉗形），兩拳眼斜向下，相距約一頭寬，拳高與耳
平；眼看前方（圖 61）。

圖62

蹬腳、雙峰貫耳　左式（定式面向東南）

　　重心後移至左腿，右腳撤回原地，重心再移至右腿，即可左蹬腳、雙峰貫耳。其他動作與技術要求參照右式（圖62、63、64、65）。

圖 63

圖 64

圖 65

圖 66

十三、劈掌、震腳搬捶

右. 劈掌 （定式面向北）

1. 上接圖 65，重心後移至右腿，上體右轉，左腳以腳跟為軸，腳尖充分內扣，重心再移至左腿，右腳向左提收，腳尖點地；同時，兩拳變掌，手心均向下，隨著轉體向右劃弧，右手至體右側，手心斜向下，左手至左肩上方，手心斜向上；眼看右下方（圖 66）。

圖 67

2. 上體繼續右轉（重心仍在左腿），隨著轉體，右腳跟提起腳尖順時針劃圓，向後(北)右前墊步，腳跟著地，腳尖上翹，膝上提（腿不可僵直）；左腳以前腳掌為軸，腳跟外碾；同時，右手向身後劃圓至腹前變側立掌向右前(北)劈掌，手心向左，指尖斜向上，高與鼻平；左手向右、向後(北)、向下劃弧按於左胯外側，手心向下（兩手臂在左胸前一上一下交叉運動，左手臂走外，右手臂走內）；眼看右手（圖 67）。

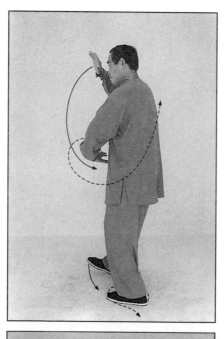

図 68

左. 劈掌　（定式面向南）

上體左轉，右腳尖充分內扣，重心移至右腿；左腳提離地面逆時針劃弧並稍向前（向南）墊步，腳跟著地成虛步；同時，兩手隨著體轉（右手在上，左手在下，手心均向下）向左劃弧，待快轉至面向南時，左手逆時針劃圓變側立掌由腹前向上、向前（

圖69

南）劈掌，手心向右；右手向左、向下劃弧按於右胯外側，手心
向下，指尖向前（兩手在右胸前一上一下交叉運動，右手臂走外
，左手臂走內）；眼看左手（圖68、69）。

圖70

右. 震腳搬捶 （定式面向西）

1. 上體右轉，左腳提離地面，腳尖內扣；同時，左手向右劃弧至右胸前，手心向下；右手伸至左腹前握拳（虛握），拳心向下，拳眼向內；眼看左手（圖70）。

圖71

　2. 上體繼續右轉（面向西），左腿先提膝後向下震腳（用虛
腳彈震地面），然後全腳落實，重心移至左腿，右腳向右前（西）
墊步，腳跟著地（膝微上提）；同時，右拳由腹前向西搬出實拳（
拳心稍有空隙），拳高與胸平，拳心向上；左手向下劃弧至左胯旁
，手心向下，指尖向西（左手在胸前與右拳一上一下交叉運動，
左手在外）；眼看右拳（圖71）。

圖72

左. 震腳搬捶 （定式面向東）

上體左轉，右腳以腳跟爲軸，腳尖內扣，左腳以前腳掌爲軸，腳跟向內碾轉，待轉體面向東南時，重心全移至左腿，右腳提起；同時，右拳變掌，向左劃弧，左手逆時針劃圓後握拳，即可震腳搬捶。具體動作與技術要求參照右式（圖72、73）。

図 73

圖 74

十四、金雞獨立　右式（定式面向南）

1. 上體右轉，左腳尖內扣，重心移至左腿，右腳跟內碾成虛步；同時，左拳變掌向右劃弧至胸前，手心向下，腕與肩平；右手臂外旋在腹前翻手心向上；眼看左手（圖74）。

圖 75

　　2. 左腿微屈獨立，右腿屈膝上提，腳尖下垂（腳面伸平並稍外旋）；同時，右手由左前臂內側（手心向內，指尖向上）向上穿掌至面前，手臂內旋撐架於頭的右前上方，手心斜向上，指尖向左，與之同步，左手下按於左胯前，手心向下，手指斜向右；眼看前方（圖 75）。

圖 76

金雞獨立　左式（定式面向南）

1. 上體右轉，右腳隨轉體下落，腳尖外撇，腳跟著地；同時，右手下落至與頭平，手心仍斜向上；左手移至右腹前，手心和手指所向不變（圖 76）。

圖 77

2. 身體繼續右轉，右腳尖再外撇，全腳落地，重心移至右腳；左腳提離地面，繞右腳向右圓轉，腳尖內扣落地（兩腳成八字形），兩腳以前腳掌為軸順時針碾轉，待身體轉至面向南時（兩次轉體 360°），右腿微屈獨立；同時，左手向上撐架，右手向下按，其他動作與技術要求參照右式；眼看前方（圖 77、78、79）。

圖 78

圖 79

圖 80

十五、雙拍腳（也可做二起拍腳）右式（定式面向西）

1. 上接圖 79，上體右轉，左腳尖內扣落在右腳內側，重心移至左腿獨立（膝微屈），右膝上提，小腿與腳尖自然下垂；同時，左手由上向右、向下、向左、再向上、向下劃立圓至左肋前，手心向下，指尖向前；右手向右、向後、向上劃弧至右膝上方，手心向前，指尖向上（肘要屈沉）；眼向前（西）平視（圖 80）。

圖 81

　　2. 左腿微屈站穩，右腳向前上踢腳（腳面展平）；同時
，右手向前拍擊腳面，左手向後、向上劃弧至身體左後上方
，手心向外，腕高與肩平；眼看右手（圖 81）。

圖 82

3. 右腳下落在左腳內側，重心移至右腿，膝微屈獨立，左腳向前、向上踢，左手拍擊腳面；右手由前向下、向後、向上劃弧至右肩上方；眼看左手（圖 82）。

※二起拍腳的做法：即拍過右腳在右腳未落地前，左腳（用左腿的彈力）騰空上踢，左手迎拍腳面。左式拍腳要先拍左腳後拍右腳。

圖83

　　雙拍腳　左式（定式面向東，先拍左腳後拍右腳）

　　1. 左腳向右腳後落約半步，重心移至左腿，右腳以腳跟為軸，腳尖充分內扣，體左轉，重心移至右腿，左腳以前腳掌為軸腳跟向內碾轉，待體轉至面向東時，左膝上提；同時，兩手隨著轉體左手向下、向後，再向左上劃弧至左膝上方，手心向前，指

圖84

尖向上；右手由右向左、向下，再向右、向上劃立圓至右肩外側
，腕與肩平，手心向外，指尖向上；眼看左手（圖83、84）。

2. 右腿微屈站穩，左腳上踢，左手向前拍擊腳面，右手舉於身體右後上方，腕高與肩平；眼看左手（圖85）。

圖 86

3. 左腳下落至右腳內側，重心移至左腿獨立，右腿提膝，腳上踢，右手向前擊拍右腳面；左手向下、向左上劃弧舉於身體左後方，手心向外，腕高與肩平，其他動作與技術要求參照右式；眼看前方（圖 86）。

圖 87

十六、十字拍腳，衝拳、封閉勢 右式（定式面向西）

1. 右腳向左腳後落約半步，重心移至右腿，身體右轉（面向西），隨著轉體左腳以腳跟爲軸，腳尖充分內扣落實，重心移至左腿；右腳以前腳掌爲軸，腳跟順時針碾轉提離地面並稍向右移，腳尖向西；同時，右手下落並向右劃弧至右胯旁，手心向下，指尖向前；左手經頭前向右、向下劃弧橫於胸前，手心向下，指尖向北；眼看前方（圖87）。

圖 88

2. 左腿微屈站穩，右腳向前上方踢出，左手在胸前用橫掌迎拍右腳面；右手向後、向上劃弧至體右側，腕高與肩平；眼看拍腳（此爲右十字拍腳）（圖 88）。

圖89

3. 右腳落在右前方（約一步），腳跟著地；同時，左手向左、向後劃弧至腰間握拳，拳心向上，拳眼向外；右手向右前方伸攔，手臂外旋，手心向上，高與胸平；眼看前方（圖89）。

圖 90

4. 重心前移，右腿屈膝前弓，左腿自然伸直，腳跟稍外碾
；同時，左拳由腰際向前衝打（由虛拳變實拳），拳眼向上，高
與胸平，右手向胸前攔收，輕貼於左前臂內側，手心向左，指尖
向上；眼看左拳（此爲右衝拳）（圖 90）。

圖 91

5．右手由左腕下斜向前穿掌，翻手心向上；同時，左拳變掌，手心向上（兩腕交叉成斜十字形），繼而兩手左右分開約胸寬，重心後移至左腿，屈膝坐胯，右腿伸展，膝微屈，腳尖翹起；與之同步，兩臂屈肘，兩手向胸前回收，手心均向內，指尖向上（圖91、92）。

圖 92

圖 93

6. 兩臂內旋，兩手心轉向外，下落至腹前；繼而重心前移成右弓步，隨著重心前移，兩掌由腹前向上、向前弧線推掌，手心向前，指尖高與肩平；眼看兩手間（此為右封閉勢）（圖93、94）。

圖 94

圖95

十字腳、衝拳、封閉勢　左式（定式面向東）

　　上接圖94，重心後移至左腿，上體左轉，右腳尖充分內扣
，重心移至右腿。

圖 96

　　上體繼續左轉至面向東，左腳提離地面稍向北移；同時，
左手向左經腹前劃弧至左胯旁，手心向下。

圖97

　右手（先外旋後內旋）向左劃弧至胸前，指尖向北，手心向下，即可做左十字拍腳、衝拳、封閉勢。

圖98

其他動作與技術要求參照右式（圖 95、96、97、98、99、100、101、102、103）。

圖99

圖 100

圖 101

圖 102

圖 103

圖104

十七、擺蓮腳、打虎勢　右式（定式面向南）

1. 上接圖 103，重心後移至右腿，上體右轉面向南，左腳尖內扣，重心移至左腿（坐胯膝微屈站穩），右膝上提至腹前，小腿自然下垂並微外旋，腳面自然展平；同時，兩手隨轉體向右劃弧，右手舉於體右側，手心向右前方，腕高與肩平，指尖向上；左手舉於右肩前，手心向右，指尖向上；眼看前方（圖104）。

圖 105

　　2. 右腳提起向左、向上、向右作扇形擺腳，腳面展平；同時，兩手自右向左擺掌，在體前左先右後拍擊腳面（擊聲兩響）；眼看兩手（此為右擺蓮腳）（圖 105）。

圖 106

3. 擺腳後，上體右轉右腳向右（偏北）落一步，先腳跟著地，然後全腳踏實屈膝，左腿自然伸直，腳跟外碾成右側弓步；同時，右手向左、向下，經腹前向右上劃弧變拳屈肘架於頭的右上方，拳眼向下，拳心向外；左手亦向左、向下經腹前向右劃弧屈肘握拳至右腹前，拳心向裡，拳眼向上（兩拳眼上下相對）；眼看右前（南）方（此為右打虎勢）（圖 106）。

圖 107

左式（定式面向南）

重心左移，上體左轉，右腳尖內扣，重心再移至右腿，左
腿膝上提；同時，兩拳變掌，右手經頭前向左、向右下劃弧；

圖108

左手向上、向左劃弧，即可做左擺蓮腳和打虎勢。

圖 109

其他動作與技術要求參照右式（圖 107、108、109）。

圖 110

十八、雲手、下勢

右式．雲手　（上手雲轉至體正中時面向南）

1. 上接圖 109，上體右轉，重心右移，右腿側弓，左腳尖內扣；同時，兩拳變掌，右手心向上，從左胯前向上、向右（逐漸轉手心向內），經面前（手距面約 25 公分，指尖朝上，高不過眉）劃弧至右肩前，手心仍向內；左手向下經腹前（手心斜向內下方，低不過襠）向右劃弧至左腹前；眼看右手（圖 110）。

　　※做雲手時，身體是東、西橫向運動，兩腳尖均向南，眼隨上手轉動，臉的左右轉向不超過 180°。

圖 111

　　2. 上體再稍右轉，重心稍右移，左腳收至右腳內側不落地再返回原地；重心左移，左腿側弓，上體左轉，隨著向左轉體和重心移動，右手翻手心向下，從體右側向下、向左劃弧至右腹前；左手向右，經右肋前向上劃弧至右肩前（手心轉向內），再經面前向左劃弧至左肩前，指尖向上，手心向內；眼看左手（圖 111）。

圖 112

右式. 下勢 （定式面向西）

1. 上體再稍向左轉，重心再稍向左移，右腳收至左腳內側成丁步；同時，左手臂內旋變勾手；右手向左上劃弧至左肩前，手心向左，指尖向上。接著右腳向西（偏北）仆出，腳尖內扣（右腳尖與左腳跟在一條水平線上）；左腿屈蹲，上體右轉；

圖113

右手向下經腹前順右大腿內側向前上方穿掌（手背先貼近右大
腿內側前穿，手腕過膝後，從小腿上向前上挑舉）；左勾手下落
至左肩後上方，勾尖向下；眼看右手前方（圖112、113）。

圖 114

2. 上體微右轉，右腳尖翹起外撇，重心前移，右腿屈弓，左腳尖內扣，左腿自然伸直；同時，右手向前，向上挑掌，指尖斜向上，手心向左，高與眼平；左臂內旋下落，勾尖向上，置於身後（勾手與臂不要接觸臀部）；眼看右手（圖 114）。

圖 115

左式. 雲手、下勢（雲手定式面向南，下勢面向東）

1. 重心後移至左腿，上體左轉，右腳尖內扣，左腿側弓，右腿伸直；同時，左臂外旋，勾手變掌，向右經腹前劃弧至右胯前，再向上經面前向左劃弧至左肩前；右手向下、向左劃弧至腹前；眼看左手（圖 115）。

圖 116

2. 接圖 110、111 所示，兩手再雲轉一個往覆，即可轉做左
下勢。動作與技術要求參照右式（圖 116、117、118、119）。

圖 117

圖 118

图 119

圖120

十九、玉女穿梭　右式（定式面向西南）

上接圖119，重心後移至右腿，上體右轉，左腳尖內扣，重心再移至左腿，右腳從左腳內側向西南上步，先腳跟著地，然後全腳踏實，腿屈膝前弓，左腿自然伸直，腳跟外碾；同時，右臂外旋，勾手在身後順時針劃圓從腰間掏出，勾手變掌，手臂再內旋舉架於右額前上方，手心向前，拇指在下；左手向下、向右劃弧推掌至右胸前，手心向西南，指尖斜向上；眼向西南平視（圖120）。

圖121

左式. 玉女穿梭 （定式面向東南）

重心後移至左腿，上體左轉，右腳尖內扣，重心再移至右腿，左腳經右腳內側向東南上步，腿屈膝前弓，右腿自然伸直；同時，左手向下經腹前向左上劃弧舉架於左額前上方；右手向下亦經腹前向左胸前推掌，其他動作與技術要求參照右式；眼向東南平視（圖121）。

圖122

二十、疊步射虎　右式（定式面向西南）

重心後移至右腿，上體右轉，左腳尖內扣，重心移至左腿，右腳提離地面，腳尖外撇橫落在左腳前，左膝接近右腿膝窩，兩腿交叉相疊；同時，右手自左胸前向下，經腹前向右上方劃弧至右肩前時，手臂內旋，掌變拳舉於右額前，拳眼向下，拳心向外，高與頭平；左手向右、向下劃弧至胸前，手臂內旋，掌變拳，隨著上體稍右轉和 兩腿屈膝下蹲成疊步（重心偏於後腿），左拳向右前（西南）打出，拳眼向下，拳心向外（兩臂均要保持弧形）；眼看左拳（圖122）。

圖 123

疊步射虎　左式（定式面向東南）

重心全移在左腿上，身體稍上起，上體左轉，右腳以前腳掌為軸，腳跟外碾，隨之重心移至右腿，左腳提離地面，腳尖外撇橫落在右腳前成疊步。其他動作與技術要求參照右式（圖123）。

圖 124

二十一、野馬分鬃　右式（定式面向西偏北）

1. 重心移向右腿，上體右轉，左腳尖充分內扣，重心再移至左腿，右腳收至左腳內側，腳尖點地；同時，左拳變掌落在左胸前，手心向下，高與肩平；右拳變掌向右、向下、向左劃弧至腹前，手心向上，兩手心相對成「抱球」狀；眼看左手（圖124）。

圖 125

1. 上體微右轉，右腳向右前方（西偏北）邁一步，腿屈膝前弓，左腿自然伸直，腳跟外碾（兩腳橫向距離約 30 公分）；同時，兩手分別向右上和左下劃弧分開，右手指高與眼平，手心斜向上；左手按於右胯旁，手心向下，指尖向前；眼看右手（圖 125）。

圖 126

野馬分鬃　左式（定式面向東偏北）

　　上體左轉，重心後移至左腿，右腳尖內扣，重心再移至右腿，左腳收至右腳內側，腳尖點地；同時，右手向左，左手向右劃弧翻掌（在右胸前），右手心向下，左手心向上，成「抱球」狀。即可做左野馬分鬃（圖 126、127）。

图 127

圖128

二十二、攬雀尾　　右式（定式面向西）

1. 上體右轉，重心稍向右腿移動，左腳尖翹起內扣，重心再移至左腿，右腳收至左腳內側成丁步；同時，左手臂內旋向右劃弧至左胸前，肘平屈，肘端微下沉，手心向下，腕與肩平；右手臂外旋向左劃弧至左腹前，手心向上，兩手心相對成「抱球」狀；眼看左手（圖128）。

圖 129

2. 上體再微右轉，右腳向體右前方（西）上一步，重心前移，右腿屈膝弓步，左腿自然伸直，腳跟外碾（兩重心前移，右腿屈膝弓步，左腿自然伸直，腳跟外碾（兩臂內旋向前、向上棚架橫於體前，手臂成弧形，高與胸平，手心向內，指尖向左；左手臂微內旋向下劃弧至左胯旁，手心向下，指尖向前；眼看右前臂（圖 129）。

圖 130

3. 上體再微右轉，右手臂內旋向體右前方伸出，手心斜向下，腕與肩平，肘微屈沉；同時，左手臂外旋前伸至右前臂下方，手心斜向上（兩手心斜相對）；眼看右手（圖 130）。

圖131

4. 上體左轉，重心後移，左腿屈膝坐胯，右腿向後伸展（膝微屈）；同時，兩手一齊下捋至左胯前，繼而兩手臂再向左後劃弧，左手至體後上方，手心和指尖斜向上，腕略高於肩；右手至左腹前，手心向上；眼看左手（圖131）。

圖 132

5. 上體右轉，重心移向右腿，屈膝前弓，左腿自然伸直；同時，右前臂移至胸前平屈，手心向內；左手（肘，手指尖領先）向上，向前經耳側劃弧至胸前，手掌輕貼於右腕內側，然後兩手慢慢前擠至兩臂成半圓形；眼向平視（圖 132）。

圖 133

6. 兩手臂再略微前擠，右手臂內旋手心向下，稍向左斜伸；左手經右腕上稍向右斜伸，兩腕在胸前交叉成斜十字形（手心均向下），然後兩手左右分開至胸寬，繼而上體向後坐身，重心移至左腿，屈膝坐胯，右腿向後伸展，腳尖翹起，膝微屈；同時，兩

圖 134

手向內回收至胸前，再下落在兩胯前，手心斜向下；眼平視前方
（圖 133、134）。

圖 135

　　7. 重心前移，右腳落實，右腿屈膝前弓，左腿自然伸直；同時，兩手坐腕（塌腕）向上、向前弧線按推，腕與胸平，手心向前，指尖向上，兩手相距約胸寬，兩肘微屈；眼看兩手間（圖135）。

圖 136

攬雀尾　左式（定式面向東）

重心後移至左腿，上體左轉，右腳尖充分內扣，重心再移至右腿，左腳收至右腳內側，腳尖點地成丁虛步；同時，左手向左、向下經腹前劃弧至右胯前，手心向上；右手向左劃弧平屈在右胸前，手心向下，腕高與肩平，兩手心相對成「抱球」狀；眼看右手，其他動作與技術要求參照右式（圖136~143）。

圖 137

图 138

圖 139

圖 140

圖 141

圖 142

圖 143

圖 144

二十三、金剛搗碓　右式（定式面向南）

1. 重心右移，左腳尖內扣，上體右轉，胯、肩、膝隨著向右擰轉（擰轉幅度要因人而異）；同時，右手臂內旋手心斜向外、向右劃弧至右胯旁（偏右），手心斜向後，拇指斜向下；左手臂外旋手心向上、向右劃弧至左胸前；眼看左手（圖 144）。

圖 145

2. 重心左移，腰、胯、肩、膝向左擰轉；同時，左臂內旋翻手心向下，向右、向下經腹前向左劃弧至左胯旁（偏右），手心向後，拇指斜向下；右手臂外旋向體前劃弧撩掌，手心朝前，手指

圖 146

朝下，高與腹平，與右掌前撩同步，右腳尖擦地向前出虛步，腳
尖點地，膝微屈，眼看右手（圖 145、146）。

圖 147

3. 右臂屈肘，右掌上挑至胸前握虛拳，拳心向內，高與胸平
，右腿屈膝上提（與右肘上下相對），腳尖自然下垂（左腿要屈膝
坐胯，身體不要上提）；左手移至腹前轉手心向上，手心內含；眼
看右拳（圖 147）。

圖 148

4. 右臂外旋，右拳下落，以拳背砸擊左手心；左手微向上
迎擊拳背（拳掌貼近肚臍）；同時，右腳尖稍外撇，向左腳內側踩
地震腳（用虛腳彈震後再踏實，兩腳相距 10~20 公分，震腳時上
體要保持平穩，身高不要有明顯下降，震腳與砸掌要響聲一致）
；眼看前下方（圖 148）。

圖149

金剛搗碓　左式（定式面向南）

右腳落實，重心移至右腿，左腳以腳跟內緣擦地向左橫開一步（腳尖稍外撇），重心移向左腿；同時，右拳變掌與左掌同時屈肘上穿，指尖向上，手心均向內，腕與肩平，繼而兩手翻手心向外，隨著重心左移，腰、胯、肩向左擰轉，左腿屈膝側弓，右腿自然伸直；左手向左後劃弧，手心向後，拇指尖斜向下，右臂

圖 150

內旋，手心向上、向左劃弧至左胸前，其他動作與技術要求參照
右式（圖 149、150、151、152）。

圖 151

圖 152

圖 153

二十四、收勢 （面向南）

1. 上接圖 152，重心移至兩腿間，左拳變掌，兩手在腹前翻手心向下，指尖相對，繼而向左右分開至體兩側，兩臂外旋翻手心向上，手心微含（手指自然散開，兩臂微屈），隨著身體慢慢直立，兩手向上拖舉（肩要鬆沉不可上聳，兩手意如拖「汽球」），並向頭上攏合至兩手指尖基本相接（以意捧氣貫頂「百會穴」）；眼平視前方（圖 152、153）。

圖 154

2. 兩腿屈膝坐身；同時，兩手（手心向下）從頭上經面前下落至下頦轉手心向內，再下落至肚臍（以意將貫頂之氣向下導入「丹田」）（圖 154）。

※丹田的位置眾說不一，本套拳講的丹田位置在臍眼部位。

圖 155

3. 兩手貼近肚臍向左右分開至體兩側，兩手臂先微內旋後外旋，向腹前摟抱，再內旋（手心轉向內，兩手臂撐圓，兩手指相距 5~10 公分）；眼平視前方（圖 155、156）。

圖 156

圖 157

　　4. 兩手內收（以意摟氣入「丹田」），兩手相疊輕輕護於肚臍
之上（圖 157）。

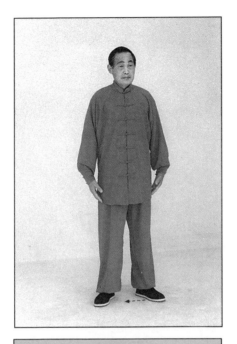

圖 158

5. 兩手稍停，身體慢慢直立；同時，兩手沿帶脈（腰帶部位）向體兩側分開至大腿外側，手心向內，指尖向下；隨之左腳向右腳併攏，兩腳跟相觸，兩腳尖外撇約 90°；眼平視前方，恢復預備姿勢（圖 158、159）。

圖 159

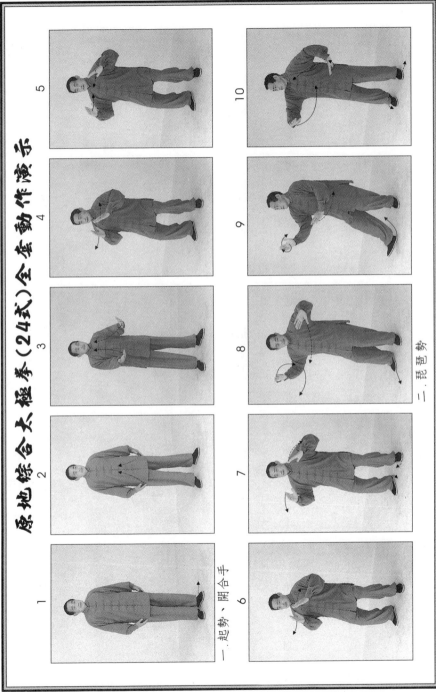

原地綜合太極拳（24式）全套動作演示

一、起勢、開合手

二、琵琶勢

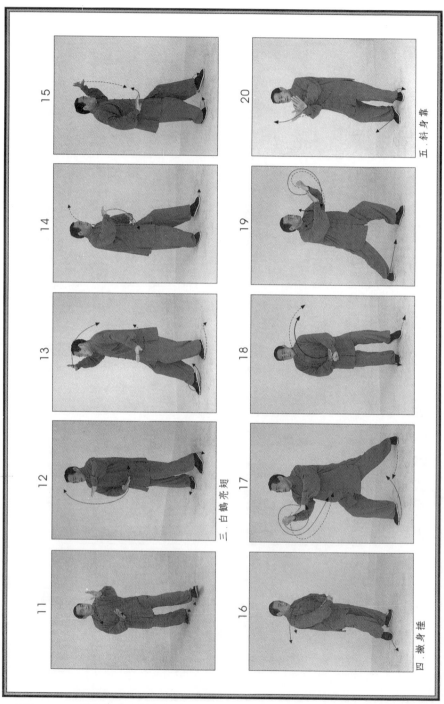

三. 白鶴亮翅

四. 撇身捶

五. 斜身靠

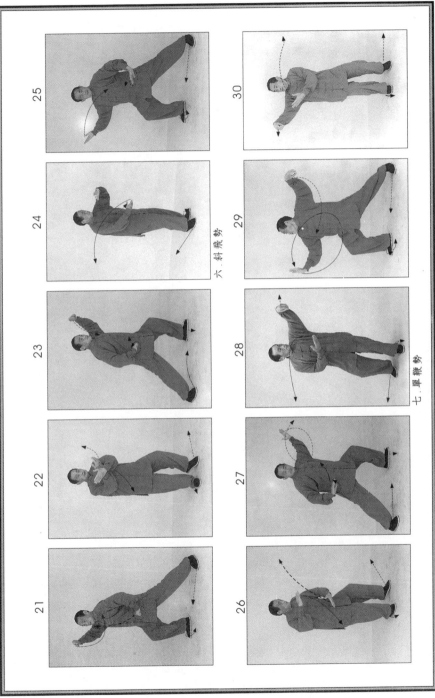

六. 斜飛勢

七. 單鞭勢

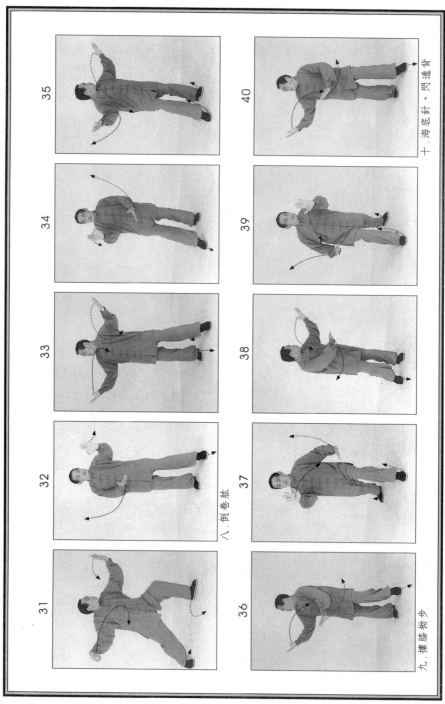

十 . 海 底 針 、 閃 通 背

八 . 倒 卷 肱

九 . 攬 膝 拗 步

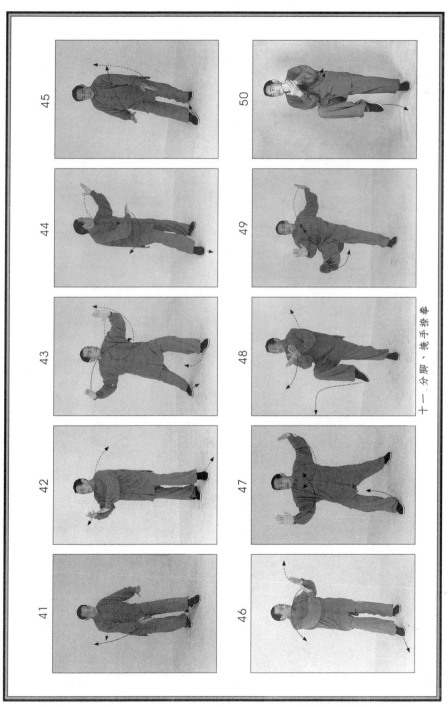

十一、分腳、掩手撩拳

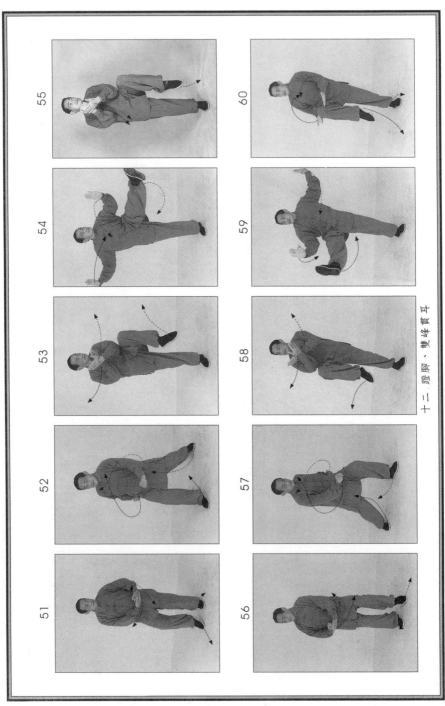

十二、蹬脚，雙峰貫耳

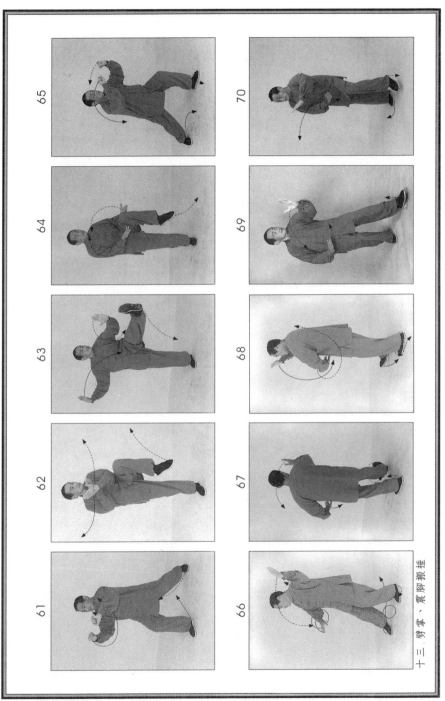

十三、劈掌、震腳搬捶

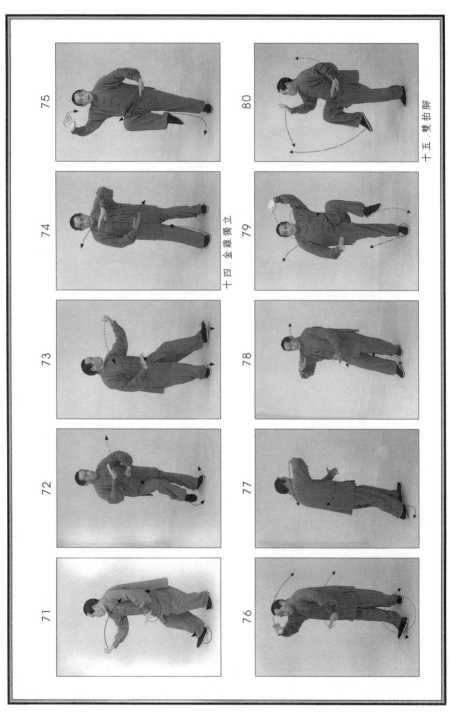

十五．雙拍腳

十四．金雞獨立

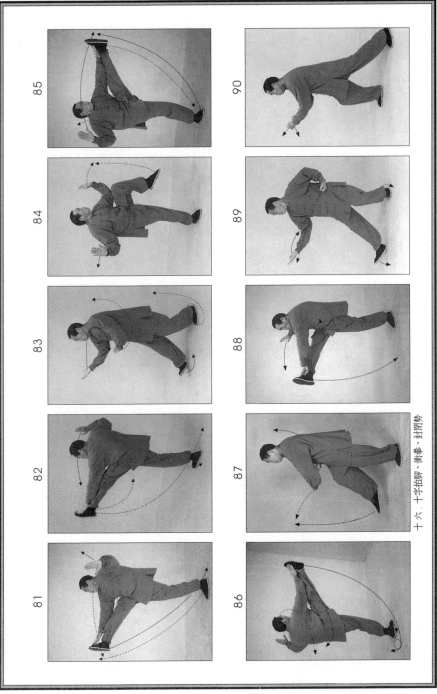

十六、十字拍腳、衝拳、封閉勢

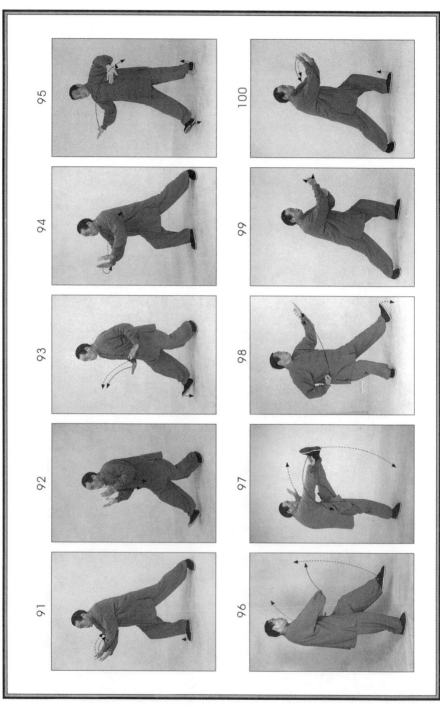

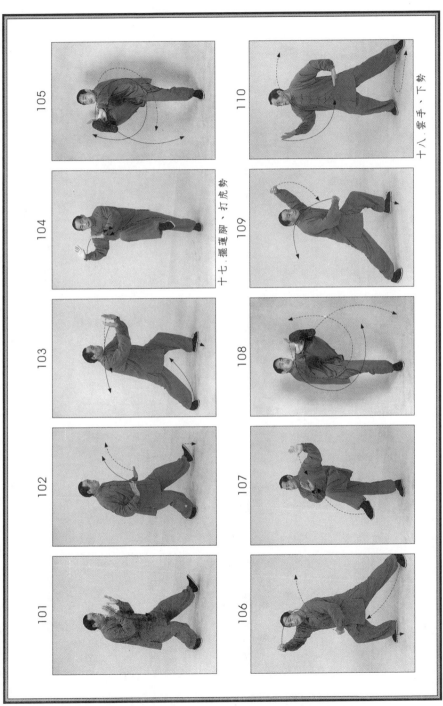

十七、擺蓮腳、打虎勢

十八、雲手、下勢

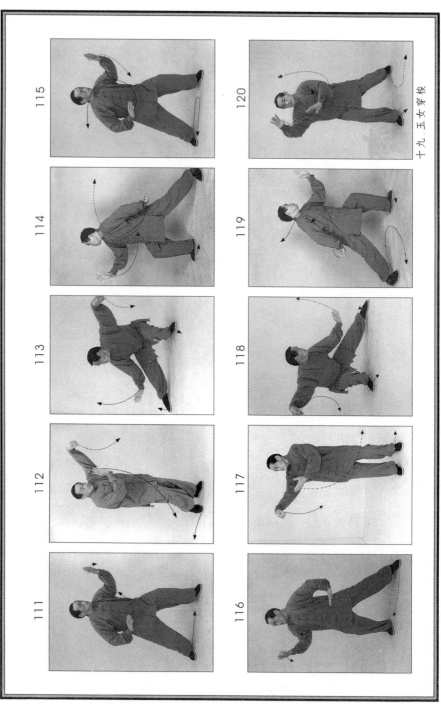

十九、玉女穿梭

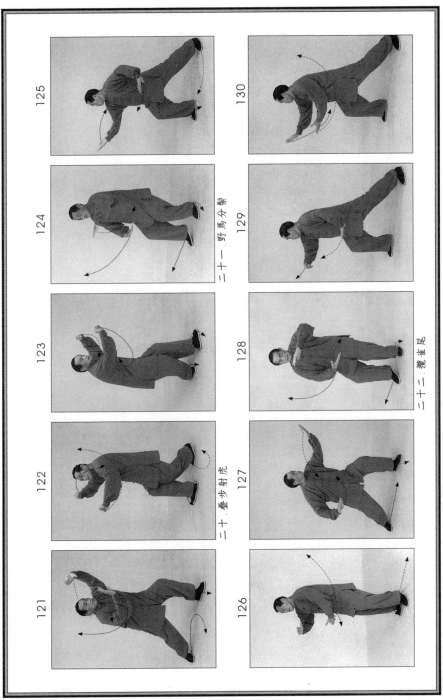

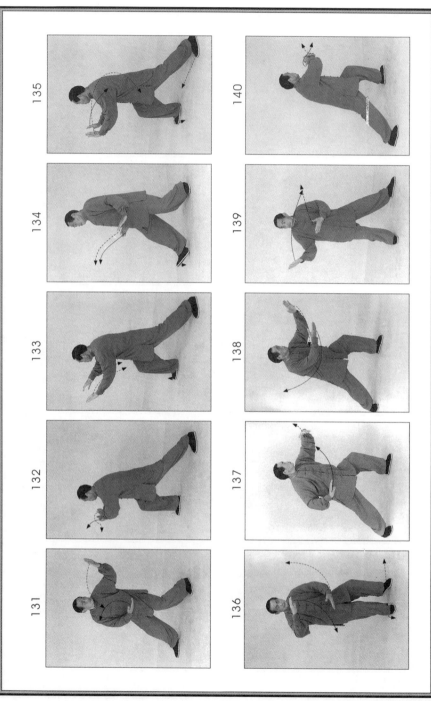

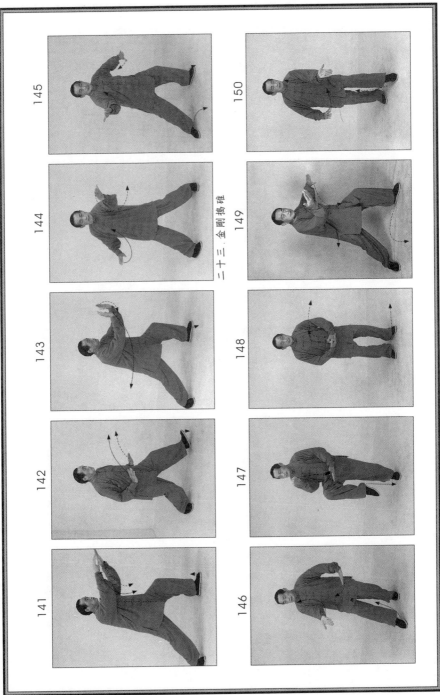

二十三·金剛搗碓

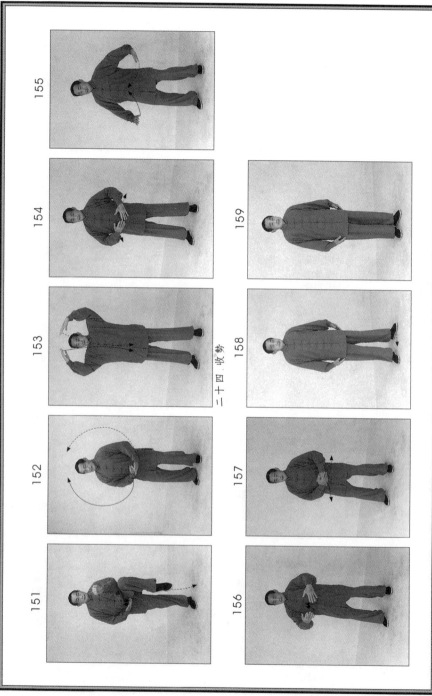

二十四.收勢

·武 術 特 輯·電腦編號 10

·原地太極拳系列·電腦編號 11

·勞作系列·電腦編號 35

·養生保健· 電腦編號 23

1.	醫療養生氣功	黃孝寬著	250元
2.	中國氣功圖譜	余功保著	250元
3.	少林醫療氣功精粹	井玉蘭著	250元
4.	龍形實用氣功	吳大才等著	220元
5.	魚戲增視強身氣功	宮 嬰著	220元
6.	嚴新氣功	前新培金著	250元
7.	道家玄牝氣功	張 章著	200元
8.	仙家秘傳祛病功	李遠國著	160元
9.	少林十大健身功	秦慶豐著	180元
10.	中國自控氣功	張明武著	250元
11.	醫療防癌氣功	黃孝寬著	250元
12.	醫療強身氣功	黃孝寬著	250元
13.	醫療點穴氣功	黃孝寬著	250元
14.	中國八卦如意功	趙維漢著	180元
15.	正宗馬禮堂養氣功	馬禮堂著	420元
16.	秘傳道家筋經內丹功	王慶餘著	280元
17.	三元開慧功	辛桂林著	250元
18.	防癌治癌新氣功	郭 林著	180元
19.	禪定與佛家氣功修煉	劉天君著	200元
20.	顛倒之術	梅自強著	360元
21.	簡明氣功辭典	吳家駿編	360元
22.	八卦三合功	張全亮著	230元
23.	朱砂掌健身養生功	楊永著	250元
24.	抗老功	陳九鶴著	230元
25.	意氣按穴排濁自療法	黃啟運編著	250元
26.	陳式太極拳養生功	陳正雷著	200元
27.	健身祛病小功法	王培生著	200元
28.	張式太極混元功	張春銘著	250元
29.	中國璇密功	羅琴編著	250元
30.	中國少林禪密功	齊飛龍著	200元

·女醫師系列· 電腦編號 62

1.	子宮內膜症	國府田清子著	200元
2.	子宮肌瘤	黑島淳子著	200元
3.	上班女性的壓力症候群	池下育子著	200元
4.	漏尿、尿失禁	中田真木著	200元
5.	高齡生產	大鷹美子著	200元
6.	子宮癌	上坊敏子著	200元
7.	避孕	早乙女智子著	200元
8.	不孕症	中村はるね著	200元
9.	生理痛與生理不順	堀口雅子著	200元
10.	更年期	野末悅子著	200元

·銀髮族智慧學· 電腦編號 28

·飲 食 保 健· 電腦編號 29

·運 動 遊 戲· 電腦編號 26

·雅致系列· 電腦編號 33

國家圖書館出版品預行編目資料

原地綜合太極拳 24 式 / 胡啓賢創編. -- 初版.
　　-- 臺北市 : 大展 , 民 89
　　面 ；21 公分. -- （原地太極拳系列 ； 1 ）

　　ISBN 957-468-025-8 （平裝）

　　1. 太極拳

528.972　　　　　　　　　　　　　89011648

北京人民體育出版社授權中文繁體字版

原地綜合太極拳 24 式　　ISBN 957-468-025-8

創 編 者／胡 啓 賢
策　　 劃／鄭 小 鋒
責任編輯／秦　　 燕
負 責 人／蔡 森 明
出 版 者／大展出版社有限公司
社　　 址／台北市北投區（石牌）致遠一路 2 段 12 巷 1 號
電　　 話／（02）28236031・28236033・28233123
傳　　 真／（02）28272069
郵政劃撥／01669551
E-mail／dah-jaan@ms9.tisnet.net.tw
登 記 證／局版臺業字第 2171 號
承 印 者／高星印刷品行
裝　　 訂／日 新 裝 訂 所
排 版 者／千兵企業有限公司
初版 1 刷／2000 年（民 89 年）10 月

定價／220 元

●本書若有破損、缺頁敬請寄回本社更換●